Développement d'un outil d'aide à la gestion du flux de matière

Wajdi Essid

Développement d'un outil d'aide à la gestion du flux de matière

Éditions universitaires européennes

Impressum / Mentions légales

Bibliografische Information der Deutschen Nationalbibliothek: Die Deutsche Nationalbibliothek verzeichnet diese Publikation in der Deutschen Nationalbibliografie; detaillierte bibliografische Daten sind im Internet über http://dnb.d-nb.de abrufbar.

Information bibliographique publiée par la Deutsche Nationalbibliothek: La Deutsche Nationalbibliothek inscrit cette publication à la Deutsche Nationalbibliografie; des données bibliographiques détaillées sont disponibles sur internet à l'adresse http://dnb.d-nb.de.

Coverbild / Photo de couverture: www.ingimage.com

Verlag / Editeur:
Éditions universitaires européennes
ist ein Imprint der / est une marque déposée de
OmniScriptum GmbH & Co. KG
Heinrich-Böcking-Str. 6-8, 66121 Saarbrücken, Deutschland / Allemagne
Email: info@editions-ue.com

Herstellung: siehe letzte Seite /
Impression: voir la dernière page
ISBN: 978-3-8417-3467-9

Université de Monastir

Ecole Nationale d'Ingénieurs de Monastir

Année Universitaire:2007/2008

MEMOIRE DE PROJET
DE FIN D'ETUDES

PRESENTE POUR OBTENIR LE TITRE:

DIPLÔME NATIONAL
D'INGENIEUR

Spécialité : GENIE *TEXTILE*

Par

ESSID   ***WAJDI***
Né   le:*07/02/1983*

**Développement d'un outil d'aide à la gestion du flux de matière et
planification de VTL.5**

Présenté et soutenu le, 10/06/2008 devant le jury d'examen:

Mr MOKHTAR Sofien	Président
Mr JMALI Mohammed	Membre
Mlle NEFZI Nada	Encadreur
Mr KORDOGHLI Hichem	Invité

N° 2667

Sommaire

Introduction générale

Aujourd'hui dans le monde des affaires, les enjeux stratégiques et financiers tel que la planification et l'aménagement d'usines ne sont plus un luxe mais une nécessité. L'entreprise qui veut perfectionner doit revoir périodiquement ses procédés afin d'adapter sa production aux besoins changeants de sa clientèle, aux fluctuations des marchés ou encore pour s'accommoder des plus récentes innovations technologiques. Pour cela, elle doit organiser sa production de manière à fabriquer des produits de qualité, avec une grande diversité, au plus juste coût tout en respectant les délais, d'où la nécessité de mettre en œuvre un processus continu d'amélioration.

Pour faire face aux défis de la mondialisation, les entreprises du secteur de textile habillement doivent améliorer leurs compétitivités et ceci par bien organiser leurs systèmes de production afin d'optimiser leurs productivités et d'améliorer la qualité produite.

Réaliser cette ambition demandera de la part des entreprises un effort majeur d'adaptation et de mutation de leurs méthodes et pratiques d'organisation, notamment en matière de technologie, d'innovation, de contrôle des coûts et de qualité, d'encadrement, de formation, de politique de vente, de planification, etc.

Ce nouveau contexte met les entreprises face à l'impératif de mise à niveau du système productif et de son environnement. Ces objectifs nécessitent la mise en place d'un programme et de structures capables d'assurer cette mise à niveau.

Aujourd'hui, ce désir n'est jamais impossible grâce aux outils puissants de l'informatique.
Dans ce contexte, un sujet de projet de fin d'études intitulé : « **Développement d'un outil d'aide à la gestion du flux de matière et planification de VTL.5** » a été proposé au sein du groupe VTL.

Pour bien présenter cette mémoire de projet de fin d'études, le présent projet comportera essentiellement trois parties :

En faite, on va commencer dans le premier chapitre par la présentation de l'entreprise et l'analyse de son organisation actuelle afin de déterminer l'état de son système de production.

Le 2ème chapitre sera réservé à la présentation des besoins de l'entreprise et des outils informatiques utilisés durant la période de ce projet.

Dans le 3ème chapitre on va présenter le logiciel qu'on a développé et qui servira comme un outil d'aide à la planification et la gestion du flux matière de l'entreprise VTL.5.

Enfin, nous tirons les conclusions et nous donnerons quelques perspectives à ce travail pour des éventuelles évolutions futures.

PREMIER CHAPITRE

DIAGNOSTIC DES OUTILS DE PLANIFICATION DE VTL. 5

Chapitre I
Diagnostic des outils de planification de VTL.5

I. INTRODUCTION

La gestion des flux est une démarche très importante pour la continuité de l'entreprise, afin de la réussir il faudrait tout d'abord analyser le système de production adopté par l'entreprise et déceler les anomalies et les dysfonctionnements.

Ce premier chapitre sera consacré par la suite à la présentation de l'entreprise et à l'analyse de son état actuelle et son système de fonctionnement

II. PRESENTATION DE L'ENTREPRISE [1]

- **Raison Sociale : VTL** GROUPE   SA
- **Dirigeant :** M. Habib Miled.
- **Capital social :   En 1983 :**   70.000 DT
  En 2003 :   12.500.000 DT
- **Adresse :   Le Siège :** 3 RUE DU LAC TOBA, LES BERGES DU LAC   1053 TUNIS
  Le local industriel : Km 2 RUE DE KORBA 8080 MANZEL TMIM
- **Téléphone: Le Siège :** 71960760
  Le local industriel : 72344251/72345634
- **Fax :   Le Siège :** 71960962
  Le local industriel : 72344405/72345634
- **Email :** headquarters@vtl.com.tn
- **Activité :** Bonneterie, finition, teinture, délavage, broderie, sérigraphie et confection destiné exclusivement pour l'exportation.
- **Effectif :   En 1983 :** 165
  En 2005 : 4000
- **Surface :** Divers ateliers.
- **Principaux clients :** DIM, DECATHLON, QUICKSILVER, ADIDAS, CALVIN KLEIN, VOLCOM, PUMA, LACOSTE...

1. Historique de l'entreprise

La société VTL (Vêtement de Travail et de Loisir) est une société anonyme (S.A.) au capital de 12 500 000 DT, créée en 1983, elle est dirigée actuellement par M. Habib Miled, PDG du groupe.

Les ateliers de tricotage, de finissage, de sérigraphie, de confection des produits Chaîne et trame, Soccer, Running, Lingerie et Maillot de bain, de délavage, de teinture et des traitements spéciaux du groupe VTL sont implantés sur la route de Korba à Menzel Temime. Un atelier, des produits pantalons et vêtements de travail, se trouve sur la route de Menzel Temime à Menzel Bouzelfa.

Le groupe travaille en étroite collaboration avec des sous-traitants de confection et de broderie sur tout le territoire tunisien, surtout dans les régions du Cap Bon et du Sahel.
Elle compte dans ses effectifs environ 4000 personnes.

VTL est un groupe textile intégré à partir de fabrication des tissus tricotés avec confection de ses propres tissus dans les ateliers des produits Soccer, Running, Surf, lingerie et confection des tissus en chaîne et trame, pour les produits Pantalons, Sportswear et Vêtements de travail le groupe réalise suite aux exigences des clients la sérigraphie, la broderie, le délavage avec des effets spéciaux, la teinture et s'occupe du conditionnement et de la logistique des marchandises.

Aujourd'hui, le groupe VTL avec un chiffre d'affaires de 64 millions de dinars, exclusivement en export, est un des poids lourds de l'industrie textile en Tunisie.

2. Objectifs stratégiques

L'entreprise VTL, dans un contexte de concurrence et de diversification, s'oriente vers l'amélioration d'un certain nombre de paramètres tels que :

- Augmenter son savoir-faire technique afin qu'elle soit en concordance avec la croissance des développements dans les divers secteurs d'activité textile.
- Augmenter le niveau de compétence des cadres et du personnel de production.
- Diminuer ses coûts de production surtout en développant un système de contrôle qualité fiable.

- Améliorer le niveau de gestion de la production.
- Etre en mesure de proposer les dernières technologies aux clients, soit en tricotage et finissage, soit en confection.

Ces objectifs correspondent bien à la loi du marché actuel qui devient de plus en plus exigeant en matière de qualité, de prix et de délais de livraison.

3. Unité de confection lingerie et maillots de bain VTL5

Il s'agit d'une nouvelle unité de production dont le matériel est pratiquement neuf. C'est une extension de l'activité du groupe VTL vers les produits de lingerie et l'augmentation des capacités en maillots de bain, elle présente un matériel très sophistiqué et spécialisé.

Cette unité ce trouve dans le complexe industrielle de Menzel Temim, elle emploi environ 800 employés et réalise un chiffre d'affaire d'environ 50.000.000 DT annuellement.

Remarque :

* : Responsable absent pour le moment ou récemment recruté.

4. Organigramme de VTL5

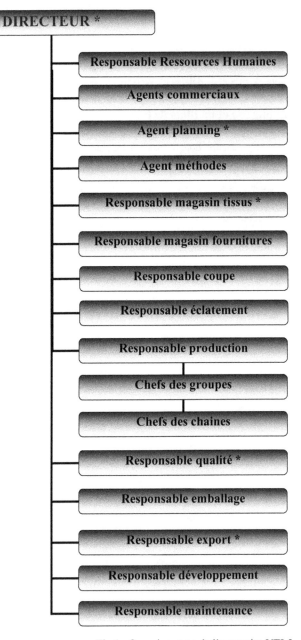

Fig.1 : Organigramme de l'entreprise VTL5

5. Plan de VTL5

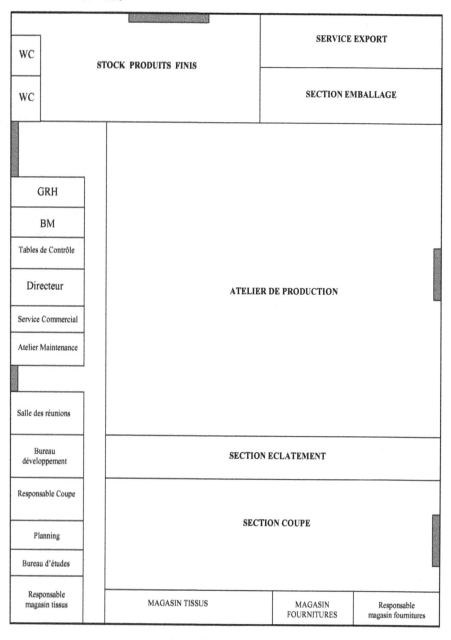

Fig.2 : Plan de l'entreprise VTL5

III. ETUDE DE L'ETAT ACTUELLE

1. Le flux de matière

La matière première (tissu / tricot) provienne initialement du client, de l'entreprise VTL 7 qui fait partie du groupe VTL ou du fournisseur de tissus, dés que la matière première arrive à l'entreprise VTL5 elle sera contrôlée : identification, coloris, métrage, nuance, défauts de fabrication... selon les procédures de réception et de contrôle tissu [ANNEXE], ensuite les rouleaux de tissus / tricots seront stockés dans le magasin de la matière première et la même démarche se répète pour les fournitures [ANNEXE].

A la demande du responsable de l'atelier de coupe, via un ordre de coupe [ANNEXE], le responsable du magasin tissu lui livre le métrage nécessaire de tissu. Pour la fourniture, la demande provient du responsable de production ou des chefs des groupes de chaines de fabrication [voir **Fig. 3**]

Ainsi, le tissu passe à l'atelier de coupe où il sera matelassé par des chariots matelasseurs mobiles et ensuite coupé par les têtes de coupe automatique LECTRA. Par la suite, les pièces coupées passent à l'atelier d'éclatement où elles seront séparées par modèle et par taille et mises en paquets (avec des fiches kanban) pour être transmises aux ateliers de piquage.

Dés que les chaînes de fabrication demandent la matière première, ils reçoivent les paquets de la section d'éclatement et les fournitures du magasin fournitures. Après, le cycle de fabrication débute pour donner à la sortie de la chaîne de fabrication des articles confectionnés, ces articles passent alors par les tables de finition qui se trouvent à la sortie de chaque chaîne de piquage pour la finition (coupe fils, détachage, repassage...) et ensuite par les tables d'emballage pour être pliés, emballés et mis en colis en attente pour être expédies.

Quand la date de l'export arrive, les colis seront livrés au transporteur après la signature des bons de livraisons.

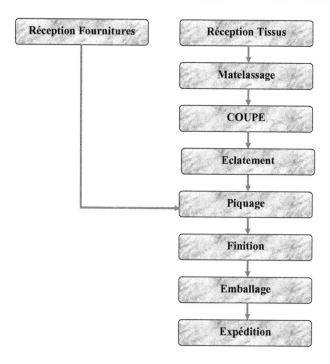

Fig.3 : Transmission du flux matière Au sein de l'entreprise VTL5.

2. Le flux d'informations

a. Le service commercial

Il joue le rôle du lien entre les clients et l'entreprise, le service commercial reçoit du client le dossier technique (et parfois le patronage et un prototype) du model à fabriquer, après la réalisation de la tête de série et sa validation de la part du client, celui-ci donne une prévision de sa demande annuelle pour ce model après des négociations à propos du coût unitaire d'un article, du temps de fabrication, des délais de livraisons des commandes... et ceci par e-mail ou par téléphone.

Ensuite, tout le long de l'année, le client envoi à l'entreprise des bons de commandes contenant la quantité demandée par taille, la date de livraison...

Après l'achèvement de chaque commande, elle sera stockée jusqu'à la date de livraison où des transporteurs arrivent à l'entreprise signent un bon d'enlèvement (de livraison) une facture et la liste de colisage avec la présence du douanier.

b. Le service planning

Concernant le service planning de l'entreprise VTL.5 on doit mentionner qu'il est actuellement inactif à cause de l'absence d'un responsable de planning, alors on parlera dans cette partie de la procédure de planification qui n'est pas encore appliquée [ANNEXE I].

Le rôle de ce service est de planifier la transmission des flux physiques et informationnelles dans l'entreprise afin d'assurer :

> ➢ La minimisation des stocks (matière première, en cours, semi-fini, produits finis)
> ➢ L'augmentation de la productivité de certains outils de production par une optimisation de leur fonctionnement.
> ➢ La réalisation des quantités fixées dans les dossiers de fabrication.
> ➢ La réduction des délais (Fabrication, Approvisionnement, Livraison).

Entrée : dossier technique, bon de commande, rapport disponibilité du tissu et des fournitures, gamme de montage, état d'avancement actuel des commandes encours : rapport journalier de production, rapport de coupe, rapport de blocage-déblocage matière première, Rapport de contrôle qualité (état du 2éme choix...), rapport d'emballage, rapport d'export.

Sortie : Planning de l'approvisionnement (tissus, fournitures), planning de relaxation des tissus (pour certains tissus), planning de coupe (avancé d'au moins deux jours sur le planning de production), planning de production (annuel, semestriel, mensuelle, et hebdomadaire), Et le planning de l'export.

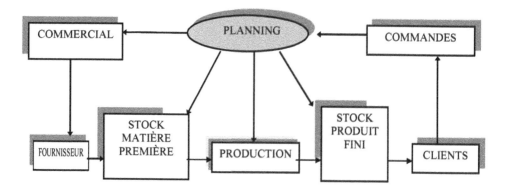

Fig.4 : Position du service Planning dans l'entreprise VTL5.

c. <u>Les magasins de stock de la matière première</u>

> **Le magasin tissu**

<u>Processus</u> : À l'arrivée d'un import de tissus, le responsable du magasin des tissus signe un bon de réception, il effectue un contrôle : métrage, coloris, défauts tissus… Si le lot est accepté alors il signe un bon d'entrée tissu, met les rouleaux de tissus au magasin de stock et fait la mise à jours de son magasin sur le logiciel DStock. A la réception de la feuille de planning, il fait sortir les tissus à relaxer, après une journée normalement il reçoit un ordre de coupe du responsable de l'atelier de coupe, alors il lui donne le métrage voulu après signature d'un bon de sortie tissu.

<u>Entrées</u> : Bon de réception, feuille planning, ordre de coupe.
<u>Sortie</u> : bon d'entrée tissu, bon de sortie tissu, fiche blocage-déblocage tissu, rapport disponibilité de tissu.

> **Le magasin fourniture**

<u>Processus</u> : Le processus est le même que pour le magasin des tissus. [ANNEXE]
<u>Entrée</u> : Feuille de planning, dossier technique, état de lancement, bon de commande, bon de réception.

Sortie : Fiche besoin, rapport de blocage-déblocage fournitures, rapport de disponibilité fournitures, bon de sortie fournitures.

d. L'atelier de coupe

Processus :

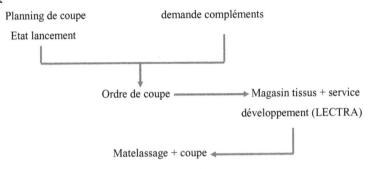

Entrées : feuille planning, état de lancement, demande compléments, état $2^{\text{éme}}$ choix.
Sortie : ordre de coupe.

e. L'atelier d'éclatement

Processus :

Pièces coupées ⟶ étiquetage ⟶ éclatement ⟶ atelier de piquage
⟶ Broderie / Sérigraphie

Entrée : feuille de planning, ordre de coupe, dossier technique, bon d'entrée (pour la broderie, sérigraphie)
Sortie : bon de sortie (pour la broderie, sérigraphie), ordre de coupe, fiches de suivi décoration, fiches paquets (KANBAN).

f. L'atelier de piquage

Processus :
Paquets de pièces coupés ⟶ Piquage ⟶ Finition ⟶ contrôle
+ Fournitures

Entrées : dossier technique, gamme de montage, prototype valide, planning de production, état de lancement, feuille d'implantation.

Sortie : fiche d'équilibrage, rapport de production journalière, rapport de qualité, état $2^{\text{éme}}$ choix

g. Le service export

Processus : Il se charge du processus d'emballage pour obtenir un produit conforme aux exigences demandées.

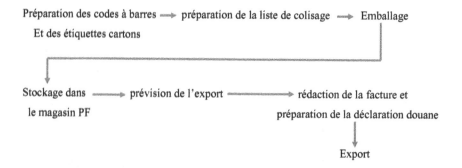

Préparation des codes à barres ⟶ préparation de la liste de colisage ⟶ Emballage
   Et des étiquettes cartons

Stockage dans ⟶ prévision de l'export ⟶ rédaction de la facture et
   le magasin PF   préparation de la déclaration douane

                                                          Export

Entrée : dossier technique, planning de livraison

Sortie : liste de colisage, fiche de suivi emballage, facture et déclaration douane.

3. Points forts et points faibles

a. Points forts

🖑 Politique de renforcement des activités par le réinvestissement des bénéfices en matériel et immatériel: Sortant d'une tradition de sous-traitance, le groupe a pu bénéficier d'une image positive tout à fait justifiée de maîtrise technologique et de savoir-faire industriel, le personnel ouvrier et les cadres de production sont d'excellente expérience et les dirigeants ont une culture industrielle affirmée. Ce très bon niveau de compétence s'exprime au sein des sites de production avec un environnement technologique porteur, composé de matériels évolués, en tricotage, en finissage, en sérigraphie, en piquage, en coupe, et en CAO. VTL est équipé dans les divers sites d'un matériel technologiquement parlant le plus performant.

👍 Orientation vers les solutions globales pour des enseignes de grandes renommée internationale : les grandes marques internationales trouvent avec le groupe VTL un partenaire en pantalons lavés et non-lavés, des vêtements de travail, des articles de sport et de lingerie ; totalement intégré à partir du fil pour les produits de bonneterie.

👍 Environnement social et économique : Par rapport aux concurrents dans le bassin méditerranéen les coûts sont plutôt attractifs et l'environnement règlementaire est favorable.

👍 L'absolue volonté de répondre au défi en matière de délais, de réactivité et de ponctualité pour ne se baser que sur le produit fini, mais aussi à jouer la carte du circuit court face à des compétiteurs asiatiques beaucoup moins chers. Le temps de livrer une commande en trois semaines, voire en deux, est une performance tout à fait remarquable.

👍 L'intégration de la logistique pour les clients est un point très fort du groupe. On utilise les moyens de transport diversifiés, modernes, performants et adaptés aux exigences des clients. Par ailleurs, les opérations douanières sont performantes et rapides, même si dans certains cas exceptionnels, les procédures administratives sont encore compliquées et pourraient être simplifiées.

b. Points faibles

L'entreprise VTL 5 est confrontée à des difficultés qui sont dues essentiellement aux :

👉 Organigramme de l'entreprise : On constate que les sites de fabrication, ainsi que le groupe ne sont pas correctement structurés. Après la fusion des entreprises VTL S.A. et VSL S.A. et la réunion de tous les sites de production sous le groupe VTL, une nouvelle organisation est primordiale pour réussir. Les cadres doivent avoir des définitions de postes claires et le flux d'information doit être repensé. Le problème le plus inquiétant étant le passage des informations. La mise en place d'un organigramme de groupe facilitera la mise en évidence des responsabilités réparties entre les directions commerciale, financière et technique au siège de Tunis avec les services concernés aux différents sites de production!

La GRH (gestion ressources humaines) est pratiquement réduite à sa plus simple expression, à savoir la gestion des mouvements du personnel, l'enregistrement du temps de travail et des absences et la préparation de la paye. Une politique de gestion spécifique des ressources humaines est inexistante, le travail par objectif n'existe pas, les systèmes d'évaluation des performances sont absents, ce qui ne donne pas la possibilité de réfléchir sur des modes de rémunération adéquats. Il faut absolument renforcer la politique de formation du personnel, qui générera des gains au niveau de la compétitivité globale de l'entreprise.

Manque d'encadrement au niveau du bureau d'études et des méthodes.

Le taux d'encadrement technique, commercial et administratif est faible pour le groupe. Nous pouvons constater que les techniciens s'occupent aussi de la gestion du personnel sans avoir de notion dans ce domaine. De même, il se pose le problème de chevauchement des tâches entre des différents responsables du groupe.

Problèmes concernant les ouvrières : Le comportement des ouvrières est l'un des facteurs majeurs qui influencent l'entreprise « VTL 5 », les ouvrières se caractérisent par :
- L'âge très jeune d'un grand nombre d'ouvrières.
- Le manque de motivation essentiellement à cause des procédures de la rémunération.

Problèmes liés à la qualité des services :

- Magasin matière première et fournitures :

Absence d'un responsable qui gère le flux de matière et d'information du magasin de tissus ce qui engendre des problèmes de qualité (manque de contrôle à la réception de la matière première) et de productivité (à chaque fois le responsable de la coupe cherche les tissus dont il a besoin d'où la perte de temps).

- Service planning :

On rencontre généralement beaucoup de perturbations dans le planning de production. Ce ci est essentiellement causé par :

✓ **Absence d'un agent de planning**.

✓ Planification des ordres de fabrications sans tenir compte de la répartition de la charge.

✓ Modifications continuelles de la fabrication par ordres urgents.

✓ Difficulté à tenir à jour un planning à cause des modifications successives.

✓ Manque d'organisation dans les différents ateliers due à l'absence de certains cadres (Directeur, responsable magasin tissus, responsable export, responsable contrôle)

Le choix d'un lancement à VTL 5 se base sur les critères suivants :

- Les lancements imposés par ordres urgents.

- Les lancements qui ont un délai de livraison plus proche.

- Les lancements à grande quantité.

D'où les lancements sont exécutés selon cette logique :

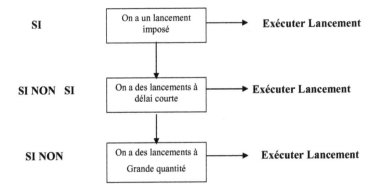

🖒 Recrutement en masse de nouvelles opératrices et apprenties.

🖒 Un taux de retouches qui dépasse largement les 50% de la production accumulés au service contrôle qualité sans réaction à cause de l'absence d'un responsable de contrôle qualité (récemment démissionné).

🖒 Recrutement de nouveaux cadres compétents, livrés à eux même sans aucune assistance du directeur de l'entreprise. Le résultat est un très mauvais jugement du directeur de l'entreprise des compétences de ses cadres d'où la fréquence des renvois systématique de certains cadres après 2 semaines.

IV. OUTILS DE PLANIFICATION DE VTL.5

Vue l'absence d'un agent de planning, la planification de la production au sein de l'unité VTL.5 est faite manuellement par l'agent des méthodes à l'aide du produit MICROSOFT EXCEL [ANNEXE].

On remarque que les feuilles de planning sont parfois élaborées selon le client, c'est-à-dire qu'il y a une feuille de planning pour chaque client sans tenir compte des groupes ou des chaines où les lancements d'un client seront exécutés.

Aussi on trouve des feuilles de planning élaborées par groupe de chaînes, c'est-à-dire une feuille de planning pour chaque groupe sans tenir compte des lancements qui y sont exécutés, Ou encore une seule feuille de planning qui englobe toutes les chaînes de fabrication selon leurs ordres (leurs désignations).

Ces feuilles de planning sont dans la plus part des temps ignorés et non respectés lors de la production et subissent souvent des modifications continuelles par ordres urgents ce qui réduit leurs valeurs et les rend pratiquement inutiles à cause de la difficulté de tenir à jour un planning à cause des modifications successives et imprévisibles.

V. PLAN D'ACTION

La planification est une tâche très importante dans toute entreprise organisée. En effet, une mauvaise gestion des commandes peut engendrer des problèmes divers tels que :

- Non-respect des délais de livraison.
- Mauvaise exploitation des moyens de production :

« Une désorganisation de la production provoquant des chutes de rendement. »
Conscients de l'importance de la fonction planning, les dirigeants du groupe VTL ont acceptés notre offre de projet de fin d'étude afin de remédier aux problèmes dont souffre cette fonction de l'unité VTL.5.

Après une étude des systèmes de circulation de la matière et de l'information dans l'unité VTL5 on a proposé un plan d'action qui consiste à élaborer le processus et la procédure du travail à façon qui étaient inexistants et ensuite le développement d'un outil informatisé d'aide à la planification.

Ce plan a été accepté, et après une discussion technique on nous a demandé de développer un logiciel qui répond à certains critères selon un cahier de charge bien déterminé qu'on va développer dans le chapitre suivant.

VI. CONCLUSION

L'analyse du système de production précède toute tentative de correction ou de changement, pour cela on doit déceler les anomalies et fixer les objectifs à atteindre ensuite décortiquer la problématique en sous petits problèmes afin de faciliter la résolution.

Dans ce premier chapitre, on a étudié le système de production de l'entreprise VTL.5 tout en essayant de mettre en relief les points faibles de ce système, dans le chapitre suivant on va présenter le cahier de charge de la solution proposée ainsi que les outils qu'on a utilisé pour la réalisation de cette solution.

DEUXIEME CHAPITRE

FORMULATION DU CAHIER DES CHARGES ET APPORT DE L'INFORMATIQUE

Chapitre II

Formulation du cahier des charges
Et apport de l'informatique

I. INTRODUCTION

Une fois l'étude de l'état actuelle de l'entreprise est faite, on a fixé avec les responsable de l'entreprise VTL.5 un cahier de charge pour l'outil d'aide informatisé qu'on a essayé de respecter lors du développement.

Dans ce chapitre on va donner une idée sur la planification dans une entreprise de confection et présenter les exigences de l'entreprise VTL.5 à propos de l'outil informatique proposé comme solution.

II. LA PLANIFICATION

1. Le pilotage de la production

Cette fonction est plus couramment connue sous le nom d'ordonnancement, elle permet de prévoir et de coordonner l'ensemble de ressources physiques et humaines nécessaires à la fabrication. Le pilotage de la production doit assurer la continuité du flux des articles dans l'entreprise et ceci en :

- Déterminant le calendrier prévisionnel de la fabrication (planning d'atelier)
- Distribuant les documents nécessaires à la bonne exécution des taches (lancement en fabrication)
- Suivant l'exécution des fabrications (suivi de production).

2. Planification

La planification est la programmation d'actions et d'opérations à mener :
- Dans un domaine précis,
- Avec des objectifs précis,

- Avec des moyens précis
- Sur une durée (et des étapes) précise(s).

Souvent ébauchée par une **to do List**, elle se concrétise ensuite par un plan répondant de façon détaillée et concrète aux principaux aspects opérationnels du type **QQOQCC** : qui, quoi, où, quand, comment, combien.

Le plan peut faire partie d'une stratégie, celle-ci étant plus générale et permanente et moins détaillée. On parle toutefois de planification stratégique lorsqu'une stratégie est particulièrement concrète et précise.

3. Domaines d'applications

De manière générale, une planification est faite pour anticiper les différentes actions liées à un projet. On peut donc la retrouver dans le:

- Management d'entreprise ou d'autre organisation, ex : plan marketing, plan informatique, plan de financement, et plus généralement plan d'affaire / plan d'entreprise.
- Planification économique, ex : plan de développement, plan de redressement, plan d'austérité.

4. Dimensions d'une planification

La planification permet de gérer des ressources limitées mais elle nécessite une priorisation des tâches. Une planification associée à un projet comporte quatre dimensions :

- Les ressources humaines et les ressources naturelles (les hommes - le « qui », le matériel, les moyens)
- La durée (le quand)
- La qualité (niveau de fiabilité du résultat fourni à la fin du projet)
- Le périmètre fonctionnel (ensemble de réalisations, le « quoi »)

Parfois, on trouve une cinquième dimension : le risque.

Cependant, cette grandeur englobe :

- Soit l'origine d'une nouvelle fonctionnalité,
- Soit une résultante de l'insuffisance des prévisions.

Aussi, lorsque cette dimension est prise en considération, c'est surtout pour les projets de grande envergure où la gestion du risque représente une tâche à part entière.

5. Techniques de planification

Tout le jeu d'une planification est d'optimiser ces quatre paramètres, sachant que :

- ➢ Les ressources sont limitées
- ➢ La durée doit être la plus courte possible
- ➢ Le bénéficiaire du projet exigera toujours une qualité sans reproche
- ➢ Le périmètre est parfois immuable

a. Découpage en tâches

Les différentes techniques de planification reposent toutes sur un découpage du projet en tâches élémentaires. Ces tâches sont ensuite ordonnancées, c'est-à-dire positionnées dans l'ordre logique de réalisation ou de fabrication.

Ce sont ensuite ces différentes tâches qui font l'objet d'une planification. Il est donc essentiel que le découpage soit le plus pertinent possible : on pourra se tromper sur l'estimation de la charge d'une tâche et sur sa planification avec une marge d'erreur plus ou moins grande, mais si une tâche a été « oubliée » lors du découpage, la marge d'erreur sera, là, de 100%.

b. Charge et délai

Une fois le découpage en tâches obtenu (il peut être réalisé de manière itérative) on procède :

- À l'estimation de la tâche : quelle en sera la charge, le délai, le coût,
- À la planification de la tâche : quand débute-t-elle, quand se termine-t-elle,
- À l'allocation des ressources : par qui est-elle réalisée, avec quels moyens.

L'estimation peut se faire, de manière complémentaire :

- En charge : combien de temps faut-il pour mener à bien cette.

- En délai : si les ressources étaient quasi-infinies mais utilisées de manière conventionnelle et usuelle, combien de temps s'écoulerait-il « raisonnablement » entre le début et la fin de la tâche.

c. Utilisation de fourchettes

Un planning est composé de tâches (le périmètre fonctionnel). Cette décomposition peut être réalisée récursivement pour obtenir des sous-tâches, qui prises en compte individuellement ont une durée de réalisation qui est connue ou envisageable. Pour garantir les risques de dépassement de planning, on va donner pour chacune de ces tâches :

- ❖ Une durée minimale (optimiste)
- ❖ Une durée idéale
- ❖ Une durée défavorable.

Ainsi, la durée globale prévue par la planification sera délimitée temporellement par ces trois types d'estimations.

Ces estimations peuvent ensuite être ajustées selon plusieurs étapes (dérivées de la méthode COCOMO pour COnstructiv COst MOdel) :

- Obtenir une cotation théorique du projet grâce à une métrique et une pondération selon la nature des tâches à réaliser et leur complexité
- Adapter cette cotation théorique au contexte du projet avec une grille d'évaluation de critères multiplicateurs fournissant des coefficients d'ajustement
- Répartir la cotation ajustée sur les différentes phases du projet grâce à une série de ratios de ventilation.

d. Estimation des temps

L'estimation de la charge ou du délai d'une tâche n'est pas une science exacte et repose la plupart du temps sur l'expérience des planificateurs.

Cependant, quelques « lois » sont fréquemment observées :

- La loi de la chronobiologie : la durée de toute tâche planifiée aura une tendance naturelle à se rapprocher de l'échéance chrono biologique la plus proche et l'horloge chrono biologique est « discrète » et avance par coups (les unités de temps chrono biologique sont la journée, la semaine, la saison, l'année).

- Le syndrome de l'échéance : une échéance officielle, prévue et annoncée, organisée suffisamment longtemps à l'avance, peut se transformer en échéance biologique pour les acteurs du projet et peut donc, en conséquence, être respectée. Mais le stress doit être suffisant pour vaincre les tendances biologiques internes, avec un caractère officiel (réunion de validation, ...), public (réunion avec des tiers, présentation de résultats, ...), incontournable (objet concret à produire, dossier, démonstration, ...), et enfin, irréversible : les convocations sont parties depuis longtemps ...

- La théorie CQFD, ou C'est Quasiment Fini Demain : toute tâche commencée atteint un niveau d'avancement de 90% environ, beaucoup plus rapidement que prévu ... mais s'y stabilise beaucoup plus longtemps que prévu. Pour contrer cette dérive, un autre extrême (utilisé dans de très gros projets) consiste à mesurer l'avancement des tâches de façon binaire : finie / pas finie.

e. Allocation des ressources

Toute planification élaborée à l'aide de ces différentes techniques ou méthodes (souvent utilisées conjointement) doit être vérifiée sous un autre aspect : le taux d'occupation des ressources.

Pour ce faire, on traduit le planning général du projet en autant de plannings détaillés individuels que de ressources affectées sur le projet, ces plannings individuels permettent de vérifier un certain nombre de contraintes d'organisation du projet :

- Les ruptures de charge : les personnes affectées sont-elles occupées à 100% durant tout le temps où l'on a besoin d'elles ?
- Le taux de charge : certaines ressources ne sont peut-être pas utilisables à 100% de leur temps (réunions extérieures, fonctions de support, affectations partielles, ...)
- La montée en charge progressive : l'arrivée et la mobilisation des effectifs sur le projet doit suivre une courbe « en cloche » afin de faciliter la gestion des ressources humaines (intégration dans les équipes, formation ou apprentissage, ...).

f. La planification stratégique

La planification stratégique est le processus de développement de stratégies afin d'atteindre un objectif fixé. Une planification « stratégique » doit opérer à grande échelle (en opposition avec la planification « tactique », qui se rapporte à des activités plus spécifiques). La planification à long terme projette les activités en cours dans l'environnement externe, décrivant ainsi les résultats qui vont probablement se produire (que ceux-ci soient désirés ou non). La planification stratégique consiste alors à « créer » des futurs plus désirables soit en influençant le monde externe, soit en adaptant les programmes et les actions en cours afin qu'ils conduisent à des issues plus favorables dans l'environnement externe.

g. Application de la stratégie d'entreprise

Après avoir réalisé une évaluation de l'entreprise, la planification stratégique (alors appelée management stratégique) peut fournir des directions générales aux investissements de l'entreprise.

Ces investissements vont avoir une influence sur :

- L'organisation
- La santé financière
- Le plan marketing.

h. Application de la stratégie dans d'autres domaines

La planification stratégique peut s'appliquer à une palette d'activités très variée, allant d'une campagne électorale à une compétition athlétique, ou encore à des jeux stratégiques tels que les échecs.

➕ **Caractéristiques :**

- Capacité d'atteindre l'objectif désiré ;
- Bonne adaptation à la fois à l'environnement externe et aux ressources et aux compétences internes : la stratégie doit apparaître réalisable et appropriée ;
- Capacité à fournir à une organisation un avantage compétitif, idéalement grâce à sa viabilité et à sa singularité.

- Se montrer dynamique, flexible, et apte à s'adapter à des changements de situation ;

Autosuffisance : fournir une issue favorable sans avoir recours à un apport externe.

Les méthodes de planification principales sont :

- La méthode PERT : Project Evaluation and Review Technique, de planification de projet, initiée par l'US Navy dans les années 1950.
- Le calcul MRP : calcul des approvisionnements en fonction des besoins prévisionnels en produits finis (J. Orlicky, 1975).
- La méthode OPT : planification des ordres de fabrication en priorité sur les outils de production à capacité limité (E. Goldratt, 1969).

6. Le service Planning

Le service planning a la responsabilité de traduire les prévisions de vente et le carnet de commandes en un plan de production. Il calcule donc les besoins en ensembles, sous-ensembles et pièces élémentaires, à moyen et court terme, à l'aide des nomenclatures. Puis il estime, à partir des gammes, les heures de ressources (main d'œuvre, machines, etc.) nécessaires et ajuste la charge ainsi définie à la capacité de production. L'ensemble de ces calculs peut être réalisés par des progiciels de GPAO (Gestion de Production Assistée par Ordinateur).

7. Service Ordonnancement - Lancement

a. L'ordonnancement

Ce service planifie l'activité des ateliers à court terme. Il coordonne les moyens nécessaires à la réalisation du plan de production (personnel, matériel et composants) et définit l'ordre de passage des différentes séries à fabriquer sur les différentes machines.

b. Le Lancement

La cellule Lancement a en charge la préparation des documents nécessaires à la fabrication (bons de travaux, fiches suiveuses, bons de sorties matières, etc.) ainsi que la réalisation matérielle des décisions prises par l'Ordonnancement. Dans la pratique les deux services Ordonnancement et Lancement sont souvent regroupés en un seul service.

La réception des ordres de fabrication (OF), de la part du client, est assurée le service commercial. Ensuite les OF sont directement transmis au service planning et ordonnancement, qui est chargé d'étudier les OF : étudier les délais de fabrication selon le modèle et les dates de livraison. Ainsi le service planning élaborera un programme de fabrication après l'examen de la disponibilité des fournitures suivant la réclamation de client.

L'ordonnancement se charge de lancer les ordres de fabrication ou d'achats (ou autre suivant le type de valeur ajouté de l'entreprise) auprès du service concerné, à la date planifiée.

c. Méthodes et Outils

ⵌ Méthodes

Les différentes méthodes, ou principes, de gestion de la production sont généralement formalisées sous forme d'outils facilitant leur mise en œuvre pratique.

- Planification des besoins en composants
- SMED (single minute exchange of die)
- Le principe des 5S (rangement efficace du matériel)
- La TPM, Maintenance Productive Totale
- La théorie des contraintes (TOC)
- le Lean Management, l'entreprise « agile » (issu du Toyota Production System)
- Le kanban : autorégulation de la production en fonction des quantités consommées (T. Ohno, 1959).

ⵌ Outils

- Diagramme de Gantt et Réseau PERT pour la gestion de projet
- Diagramme de Pareto pour la gestion de la qualité
- Réseaux de Petri pour les enchaînements automatisés
- Fiches de production ou de manutention sous forme d'étiquettes kanban.

Ces outils sont généralement informatisés :

- Progiciels ou logiciels de gestion de la production assistée par ordinateur
- Progiciels de gestion intégrés : PGI ou ERP
- Progiciels de gestion de projet

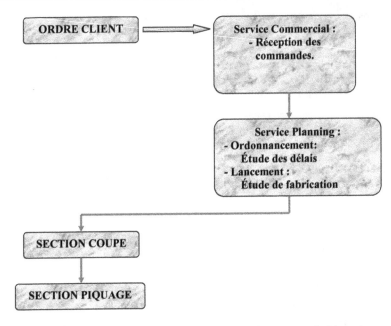

Fig.5 : Positionnement de l'étape planning dans le processus de fabrication.

L'ordonnancement peut être défini comme étant l'activité qui consiste à gérer l'ensemble des ressources et approvisionnement de l'entreprise par rapport aux charges.

Son rôle est de :

- Prévoir l'enclenchement des commandes.
- Calculer les délais de fabrication.
- Fixer les dates de livraison.
- Décider de l'augmentation ou de la diminution des horaires de travail.
- Décider de l'approvisionnement en fonction des besoins de la fabrication et les possibilités de la trésorerie.
- Etudier les prix de revient (matières, amortissement des machines, main d'œuvre, Énergie, …).
- Contrôler l'avancement des commandes.

III. CAHIER DES CHARGES

Compte tenu de la charge très importante de l'atelier de confection de l'unité VTL.5, le volume de travail devient de plus en plus important. Par conséquent un investissement en termes de temps et de manutention très important est demandé. Le système devient de plus en plus rigide, ce qui nécessite un outil et une méthode de travail plus évoluée, plus étudiée et plus flexible afin de garantir une satisfaction des besoins attendus par les clients (nécessité d'un outil informatique évolué), l'une de ces attente est le respect des délais, et ceci par le biais d'une planification et un suivi régulier.

Comme déjà dit dans le chapitre précédent (Diagnostic des outils de planification de VTL.5), cette unité planifiait sa production manuellement. La rigidité du système conduit les responsables à vouloir l'informatiser. Ceci permettra une actualisation du planning à la demande (hebdomadaire, journalière). De plus, l'informatisation permettra le suivi et le contrôle, en temps réel, de la production et ainsi un suivi approfondi des commandes en tenant compte des priorités. Elle facilitera, par ailleurs, l'optimisation du suivi des flux physique, de faire retourner un compte rendu et la bonne gestion des exportations.

Après une analyse complète du déroulement du travail dans toute l'entreprise (partie Etude de l'état actuelle), et plus précisément la méthode adoptée pour la planification et le suivi de la production dans l'unité VTL.5. On a fixé le cahier des charges qui contribuera à la résolution des problèmes cités au par avant ou au moins remédier à certains points faibles.
L'outil à réaliser doit être capable de :

1. Saisie des commandes

L'outil informatique doit être capable de saisir les données des différentes commandes qui seront exécutés dans l'entreprise, ceci diminuera le volume des archives tout en conservant sa totale fonction d'historique de l'entreprise et éviter le risque de perdre une information. Cette saisie servira par la suite dans la phase de planification et de contrôle des flux (entrées/sorties).

2. Réception de la matière première

Ici encore, il est classique d'informer l'agent de planning au cas de réception des matières première et des composantes (Quantités, coloris et tout autre type d'observations…).

Ainsi, on peut savoir en permanence les états des stocks, et l'outil informatique doit être capable dans ce cas de calculer les besoins de chaque lancement en termes de matière première et composants et nous informer si les quantités dans les stocks seront suffisantes ou est ce qu'on aura un manque de matière première au cours de la fabrication.

Cette étape est nécessaire avant de se lancer dans la production, ce qui a pour conséquences des arrêts non attendus de la fabrication, qui causeront le déséquilibres du système productif et finalement des délais non respectés.

3. Planification et suivi de la production

Pour la phase de planification, notre travail portera uniquement sur l'atelier de production (chaînes de fabrication) puisque c'est la section qui nécessite le temps le plus long au cours du cycle de vie des articles à produire, alors que le suivi de la production englobera toutes les sections de l'unité pour éviter toute surprise une fois le cycle de production est déclenché.

L'outil de planification doit être capable de saisir les données suivantes :

- Quantités demandées pour chaque article
- Les détails des articles (consommation tissu et composants...)
- Les temps relatif à chaque article (temps de gamme)
- Les sorties des différentes chaînes de fabrication
- La sortie de toutes les sections

Ensuite, l'outil doit être capable fournir les informations suivantes :

- La somme des quantités fabriquées pour chaque section
- L'état de chaque lancement (état globale et détaillé)
- L'état des chaînes de fabrication
- L'état de chaque section pour chaque lancement en cours de fabrication

- Le planning des chaines de production

- La liste des commandes qui présentent un risque (possibilité de ne pas les livrer à temps)

4. Aide au travail à façon et décoration

L'outil informatique doit être capable de traiter l'envoi de la matière semi finie pour la décoration (broderie/sérigraphie) en terme de délais, des bons de livraison, de suivi de réception... et aussi gérer les lancements qui seront livrés à des façonniers.

Cette saisie servira par la suite comme une archives pour les commandes traitées avec l'assistance d'autres entreprises.

5. Préparation de l'export (colisage)

Comme déjà évoqué précédemment, l'entreprise reçoit de plus en plus des commandes, et le problème c'est que ça devient de plus en plus complexe, un lancement peut être caractérisé par :

- Différentes coloris
- Différentes tailles

Donc, on va consacrer un module qui va aider à mieux maîtriser le déroulement de la phase finale du processus de fabrication (le colisage), il doit permettre de préparer un colisage prévisionnel des commandes qui va être par la suite corrigé suivant les commandes prêtes réellement. Ce module communiquera avec le module de saisie lancements et la production réalisée.

6. Autres fonctions indispensables

Le responsable de production a besoin de connaître les détails de chaque lancement (quantité, délais, clients, coloris, tailles...), pour cela on a prévu une partie qui va décortiquer les lancements afin de construire un classeur qui contiendra le plus possible des informations jugées nécessaires pour l'agent de planning ou encore pour le responsable de production, ça va éliminer la perte de temps de chercher les informations, elle va être accessible toujours et son endroit est connu (l'ordinateur), ça éliminera le risque de perdre des information à cause d'une négligence à l'égard des papiers. Et ceci va être un historique de l'activité de l'entreprise.

IV. APPORT DE L'INFORMATIQUE

Suite à l'analyse de système de production de l'unité VTL.5, on a développé un logiciel spécifique qui s'adapte aux besoins de l'entreprise et à son processus de production. De plus, il facilite l'organisation de travail et assure la fiabilité des résultats et des donnés obtenus.

L'informatisation de la planification permet entre autres de :

- Afficher les caractéristiques d'un article
- La rapidité extraordinaire du traitement des données, ce qui facilite les prises de décision cohérentes et basées sur une connaissance en temps réel des différents facteurs à prendre en considération.
- Accéder à tout instant aux données de chaque article
- Savoir à tout moment l'état d'un lancement quelconque (en instance, en cours de fabrication ou déjà archivé) et de localiser la répartition des articles dans les différentes sections de l'unité VTL.5
- De mettre à jour immédiatement les données de la marchandise dés son arrivée
- De prévoir les lancements qui risquent d'être en retard par rapport à la date de livraison demandée par le client.
- De planifier et rectifier le planning et le mettre à jour avec aisance
- D'avoir des informations exactes

V. OUTILS UTILISES

1. Visuel Basic 6

Le langage BASIC a été créé en 1963. Depuis il est devenu rapidement le langage favori des programmeurs, ce qui lui a rendu populaire grâce à son adaptation aux ordinateurs personnels. Depuis ce temps, le langage BASIC a été profondément amélioré et plusieurs versions ont été diffusées. De nos jours, la science de l'informatique nous a beaucoup aidé en mettant à notre disposition l'environnement de programmation VISUAL BASIC.

La version VISUAL BASIC 6.0 édition entreprise a été particulièrement améliorée afin de satisfaire aux exigences des programmeurs, elle nous permette de créer des applications 32 bits sous Windows 9x / NT, cette version est rapide, plus robuste (protection renforcée contre les pannes du système) et s'adapte mieux à un environnement multitâches.

Le mot « Visual » fait référence à la méthode utilisée pour créer l'interface graphique utilisateur (GUI, Graphical User Interface), en effet et au lieu de rédiger de multiples lignes de code pour décrire l'apparence et l'emplacement des éléments d'interface, il nous suffit d'ajouter des objets prédéfinis à l'endroit adéquat sur l'écran.

Le mot « Basic » fait référence au langage BASIC (Beginners All-Purpose Symbolic Instruction Code), langage le plus utilisé par les programmeurs depuis les débuts de l'informatique. Visual Basic constitue une évolution par rapport au langage Basic initial et comporte aujourd'hui plusieurs centaines d'instructions, de fonctions et de mots clés, dont un grand nombre fait directement référence à l'interface graphique (GUI) utilisée.

Après les versions 1 et 2 de Visual Basic, sont apparues les versions 3 en éditions standard et professionnelle, puis la version 4 en 1995, la version 5 en 1997 et la versions 6 en 1998. C'est seulement à partir de la version 3 que Visual Basic a permis la gestion des bases de données, c'est d'ailleurs ce qui lui a donné sa vraie dimension de système de développement d'applications professionnelles de gestion.

↓ Spécificité de la programmation Visual Basic

La caractéristique fondamentale de la programmation avec Visual Basique est la programmation sur événements.
Contrairement au langage de programmations traditionnelles qui utilisent la programmation linéaire comme le BASIC, le COBOL, le C, le PASCAL…, la programmation Visual Basic est dite événementielle. En effet, la programmation linéaire se caractérise par:

L'initialisation : c'est la préparation de l'écran, l'initialisation des variables…
La boucle : elle peut être l'attente d'un caractère en provenance du clavier ou la lecture d'un enregistrement d'un fichier. Le caractère ou l'enregistrement est traité, puis le programme se remet en attente du suivant.
La finalisation : effectue les opérations inverses de l'initialisation et est essentiellement une remise en état du système.

Ce pendant, avec la programmation événementielle, on ne retrouve plus un fil d'exécution qui se déroulerait du début jusqu'à la fin du programme, mais on trouve une structure cohérente d'un ensemble de procédures indépendantes les unes des autres.

Une procédure comprend des instructions écrites à l'aide du langage BASIC. Elle est associée à un objet, c'est à dire à un des éléments d'une feuille : la feuille elle-même, ou bien un bouton, une liste, un champ de saisie... La procédure est appelée par Visual Basic lorsqu'il se produit un évènement pour l'objet correspondant.

Pour écrire le code d'une application, il convient donc de déterminer les événements auxquels on souhaite réagir, et pour quels objets.

Cette démarche de la programmation vient pour confirmer que le maître du jeu n'est plus le programme, mais donc l'utilisateur qui est à l'origine de la plus part des événements.

⊕ Le cycle de réalisation d'un projet Visual Basic 6

La réalisation d'un projet par le langage de programmation VB6 présente les étapes suivantes :

- ✓ La définition du projet (disposition des problèmes, identifications des bases de données, le but à atteindre ...)
- ✓ La conception des bases de données.
- ✓ La construction des programmes.
- ✓ La création de l'interface.
- ✓ Test des différentes taches réalisées par le logiciel.
- ✓ Compilation et distribution.

2. Microsoft Access

Une base de données est un ensemble d'informations associées à un sujet particulier, tel que notre cas de gestion. A l'aide de Microsoft Access, nous pouvons gérer toutes nos informations dans un fichier unique de base de données. Dans ce fichier, nous devons répartir ces données en plusieurs tables. Les formulaires en lignes nous permettent de consulter, d'ajouter et de mettre à jour les données des tables. Les requêtes nous permettent de chercher et de récupérer les données recherchées. Quant aux états, ils servent à analyser et à imprimer les données selon la mise en page de notre choix.

Pour stocker les données, nous devons créer une table par type d'informations que nous allons gérer.

⁜ Tables

Dans Access, la table constitue l'ossature des données destinées à être enregistrées. Dans un même temps, la table peut être utilisée comme moyen de saisie pour les données. Dans ce but elle est présentée à l'écran sous forme de tableau.

⁜ Relations

Il s'agit des liens existants entre différentes tables, réalisés à partir de champs de données communs (clé primaire et clé externe).

• Relation 1:1

Une relation 1:1 peut exister entre deux tables associées. Dans le cas d'une relation 1:1, chaque enregistrement de l'une des deux tables peut être associé à un autre enregistrement de l'autre table à laquelle il est relié. Ce type de relation est relativement rare.

• Relation 1:N

Dans le cas d'une relation de type 1:N, deux tables sont reliées par l'intermédiaire d'une clé primaire (dans la table source) et d'une clé externe (dans la table destination). 1:N signifie que plusieurs enregistrements (N) de la table associée (table N) peuvent correspondre à un enregistrement de la table source et vis-versa.

⁜ Requêtes

Une requête permet de rechercher et de répertorier des enregistrements rependant à certains critères. Ce faisant, vous avez la possibilité d'examiner plusieurs tables et/ou requêtes simultanément et d'obtenir ainsi de nouvelles combinaisons de données. Pour la plupart des types de requêtes, les données de la requêtes sont dynamiques, les données de la requêtes sont automatiquement mises à jour.

3. Moteur de base de données Microsoft Jet

C'est un système de gestion de base de données qui permet d'extraire et d'enregistrer des données dans des bases de données utilisateurs et système. On peut comparer le moteur

Microsoft Jet à un gestionnaire de données sur lequel reposent d'autres systèmes d'accès aux données tels que Microsoft Access et Microsoft Visual.

4. Crystal Report Pro 7

Crystal Reports est un puissant générateur d'états pour l'environnement Windows, en effet, il constitue la solution par excellence pour accéder et imprimer toutes les données stockées dans les bases de données. Grâce à ce logiciel on peut personnaliser l'impression de notre base de données

Pendant l'élaboration de **PLANITEX**, on a utilisé Crystal Reports pour assurer toutes les opérations d'impressions.

VI. CONCLUSION

Dans ce chapitre on a essayé de donner une idée sur la planification dans une entreprise de confection (domaines d'application, techniques de planification...) et de présenter les exigences de l'entreprise VTL.5 à propos de l'outil informatique proposé comme une solution pour augmenter la fiabilité du service planning.

Dans le chapitre suivant on va décrire le logiciel développé comme aide à la planification.

TROISIEME CHAPITRE

DEVELOPPEMENT

D'UN LOGICIEL DE

PLANIFICATION

« PLANITEX »

Chapitre III
Développement d'un logiciel de planification « PLANITEX »

I. INTRODUCTION

L'organisation du travail industriel moderne exige des recettes de plus en plus sophistiquées, pour réaliser ces objectifs concernant la planification et le déroulement du travail avec une ergonomie qui tend à améliorer la qualité, la quantité et les délais de production nous avons passés à la phase pratique pour élaborer un outil informatique de gestion de commandes, de temps et de suivi de production, en tenant compte des contraintes et des ressources critiques de l'entreprise par la coordination entre les différents services et l'atelier de production.

Dans le chapitre précédant, on a vu les exigences de l'entreprise VTL.5 à propos de l'outil informatique et les outils qu'on a utilisé pour la réalisation de cette solution.

Dans ce chapitre on va essayer de présenter l'outil d'aide à la planification développé au sein de l'entreprise VTL.5 en montrant ses principales fonctionnalités et interfaces.

II. CONCEPTION

Le logiciel que nous avons réalisé fait la liaison entre l'interface **Visual Basic** et **Microsoft Access**, en effet pour sauvegarder les données saisies, on fait appelle au moteur des bases de données **Microsoft Jet** qui assure cette liaison.

Les étapes suivies lors de l'élaboration de PLANITEX sont :

✓ La création des algorithmes nécessaires au bon fonctionnement du logiciel.
✓ La conception de l'interface graphique *Visual Basic*.
✓ La création de la base de données sous le nom du fichier **BD.mdb**
✓ La liaison entre *Crystal Reports* et **PLANITEX** afin de faciliter l'impression des états.

Il faut dire ici que les tables de la base de données crée ne sont pas reliées, ceci s'explique par le fait que la saisie des données associées à la clé primaire (numéro lancement) se fait manuellement uniquement dans la partie saisie commande, par la suite il suffit de taper le numéro de lancement et les données seront automatiquement inscrites. Ainsi, le risque d'erreur lors de la saisie des données sera minimum.

III. ARCHITECTURE DU LOGICIEL PLANITEX

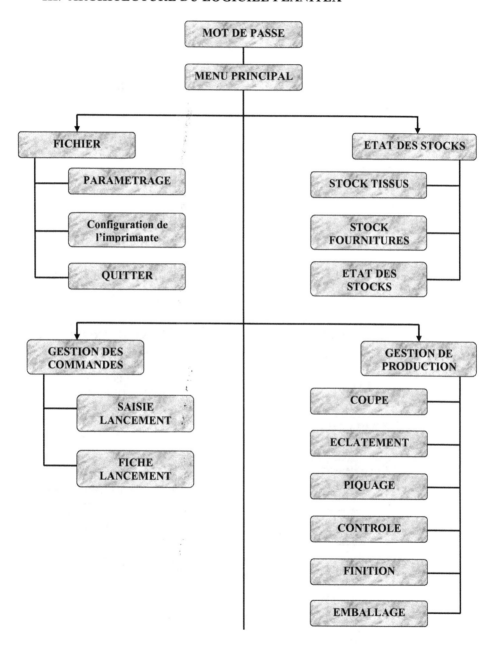

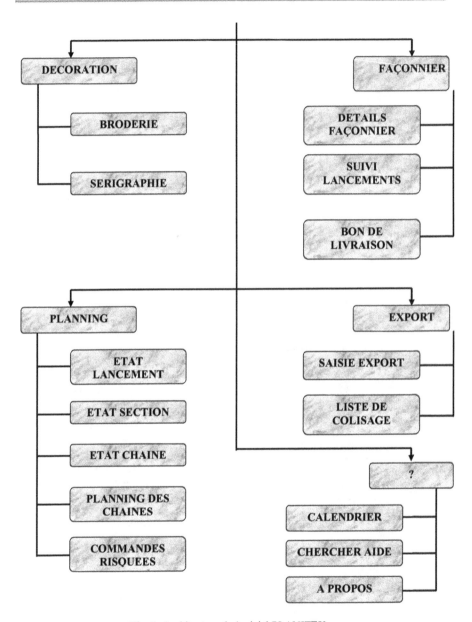

Fig. 6: Architecture du logiciel PLANITEX.

IV. Caractéristiques du logiciel PLANITEX

1. Interface

La qualité de l'interface utilisateur est toujours déterminante, en informatique comme ailleurs. C'est sur la première impression de l'interface utilisateur que l'on juge souvent un logiciel, tout au moins pour les premières utilisations... Par la suite, les critères de fiabilité des résultats deviennent heureusement plus objectifs.

On peut préciser les qualités requises d'une bonne interface utilisateur :

- Elle doit être normalisée pour diminuer les temps de formation, voir pour le supprimer complètement, L'utilisateur doit retrouver toujours les même repères quel que soit le logiciel qu'il utilise.

- L'interface doit être intuitive: C'est encore pour diminuer le temps de formation que L'utilisateur doit comprendre instantanément, sans explication ni recours à une documentation. Le rôle de telle fenêtre, de telle option, de menu, de tel bouton, cela implique un enchaînement parfaitement logique des fenêtres et un vocabulaire clair.

- L'interface doit être puissante: la puissance signifie ici qu'en un minimum d'actions, l'utilisateur va réaliser un maximum des taches, augmentant ainsi sa productivité.

- L'interface doit être plaisante: une interface agréable rend le rapport avec l'ordinateur plus convivial.

Au cours de développement de logiciel PLANITEX, on a essayé d'atteindre au maximum ces 4 objectifs en respectant le mode de travail de l'entreprise VTL.5.

Pour plus de simplicité et pour satisfaire ces objectifs on a essayé de donné à ce programme des caractéristiques bien précises :

2. Le vocabulaire utilisé

Dans les textes affichés à l'écran, on utilise le vocabulaire courant de l'utilisateur et pas celui d'un informaticien.

3. La couleur de fond

On a utilisé un fond bleu claire pour ne pas fatiguer la vue, ainsi plus de concentration sur les paramètres de saisie.

4. L'utilisation de la souris

On a beaucoup préféré le «clic» simple au «double clic» qui est facile à effectuer par la plupart des fonctionnaires et on minimise l'utilisation du clavier afin d'éviter les fautes d'enregistrement pour plus de précision.

5. L'enchaînement des fenêtres

Ce programme donne à l'opérateur un maximum de choix puisque la majorité des enchaînements des fenêtres sont réversibles.

On peut basculer facilement entre les différents écrans par un simple « clic » sans être piégé dans une fausse piste.

6. La gestion automatique des erreurs

Pour éviter le blocage des applications, les erreurs de frappe et les erreurs de saisie (un champ qui ne doit pas être vide...) le logiciel met à la disposition de l'utilisateur un gestionnaire des erreurs qui permet de contrôler et de signaler ces erreurs sous forme des boîtes de dialogue.

7. La gestion des bases de données

C'est l'étape la plus intéressante dans la conception d'un logiciel. Cette base de donné sera type relationnel car visuel basic n'utilise que les base de donné relationnelle. C'est d'ailleurs aujourd'hui le type le plus répondu dans le marché, au point de faire quasiment disparaître les autres, une base de donné relationnelle est constitué d'une ou de plusieurs tables.

Chaque table contient des enregistrements ou ligne. Chaque enregistrement est structuré en champs ou rubrique, certain champ peut être indexé.

Il reste à définir les caractéristiques détaillées des champs, c'est à dire décider pour chaque champ : Son non, son type : Texte, numérique, booléen..., sa longueur si c'est un texte ou son nombre de décimales pour les champs numérique.

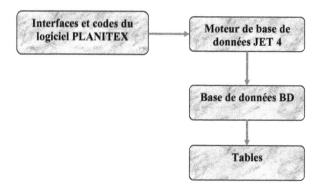

Fig. 7: Liaisons entre la base de données et le logiciel PLANITEX

8. L'impression d'états

Le logiciel PLANITEX donne aux opérateurs la possibilité d'imprimer les rapports de production journalière de toutes les sections de l'entreprise ainsi que les bons de livraison façonniers et décoration et les rapports d'état des stocks, des lancements, des chaines ou encore le planning des chaines de fabrication.

En fait, après avoir choisi le critère de recherche (le code d'un lancement par exemple) les enregistrements qui coïncidents seront copiés automatiquement dans une table réservée à l'impression (la table TEMP), cette table existe toujours dans la base de données mais elle n'est remplit que lors de l'impression).

Donc on passe des données visualisé sur l'écran vers la table de la base de données. Ce passage est expliqué par le fait que *Crystal Reports* n'imprime qu'à partir de tables de base de données, alors on aura l'impression de nos données trié. Si on passe à une autre recherche selon un autre critère, la table temporaire sera dans un premier temps vidée puis elle sera remplie par les nouveaux enregistrements de la recherche du deuxième critère, puis on passe à l'impression.

Voici l'organigramme mis en œuvre pour la procédure d'impression :

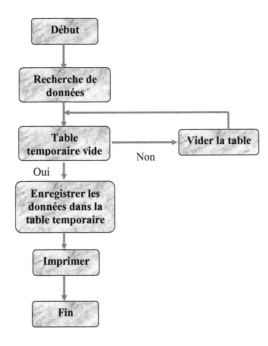

Fig. 8: procédure d'impression

9. Installation

Le logiciel PLANITEX est une application autonome de 32 bits, qui s'installe sous Windows ou une Version ultérieure.

L'espace disque qui va être occupé par ce programme est de 13 Mo pour le répertoire C:\Program files\PLANITEX.

A partir du panneau de configuration de Windows, choisir l'option Ajout/Suppression, on a la possibilité de désinstaller le logiciel.

V. DESCRIPTION DU LOGICIEL PLANITEX

1. Sécurité d'accès au logiciel

Fig. 9: Demande mot de passe.

Pour sécuriser l'accès au logiciel et le limiter seulement pour l'agent de planning, on a prévu une fenêtre de démarrage où on doit taper le mot de passe pour accéder au menu principal. En cas de saisie d'un mot de passe incorrecte, un message d'erreur apparait.

2. Menu principale

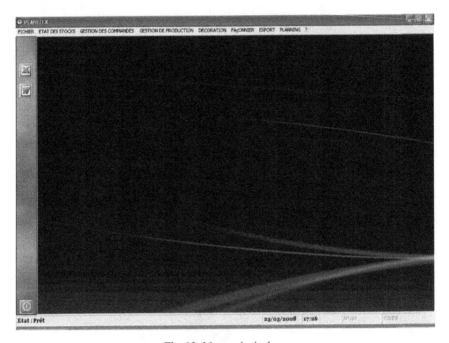

Fig. 10: Menu principal.

Ce menu contient les onglets suivants :

- ✓ Fichier
- ✓ Etat des stocks
- ✓ Gestion des commandes
- ✓ Gestion de production
- ✓ Décoration
- ✓ Façonnier
- ✓ Export
- ✓ Planning.

L'interface contient également deux raccourcis pour les produits Microsoft les plus utilisés (WORD, EXCEL) et un bouton pour quitter le logiciel.

En bas, on peut voir une barre d'état dans laquelle est affiché l'heure, l'état d'activation des touches clavier NUM et CAPS.

3. Etat des stocks

Cette partie du logiciel est consacrée à la saisie des quantités entrantes aux stocks (imports) pour que l'état des ressources nécessaires à la fabrication soit toujours à jours et visibles facilement à l'utilisateur de ce logiciel. Pour y faire, à l'arrivée d'un import de tissus ou de fourniture à l'entreprise, une copie du bon de réception sera transmise à l'agent de planning pour qu'il puisse saisir les données qui lui sont nécessaires comme les quantités, les coloris... Cette partie comporte 3 onglets :

- ✓ Stock tissus (pour mettre à jours le stock tissu)
- ✓ Stock fournitures (pour mettre à jours le stock fournitures)
- ✓ Etat des stocks (pour imprimer les états des stocks).

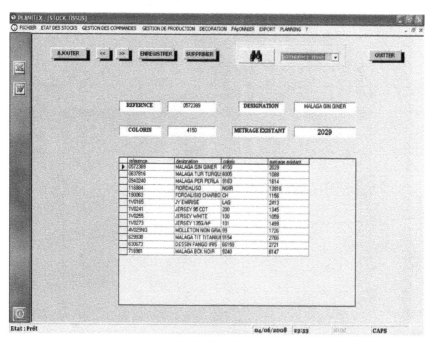

Fig. 11: Stock tissus.

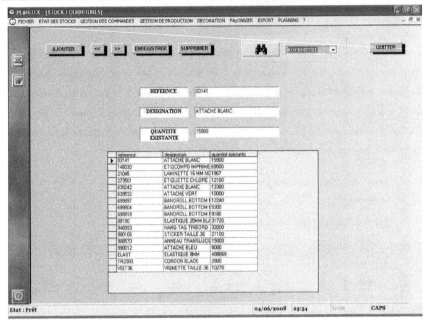

Fig. 12: Stock fournitures.

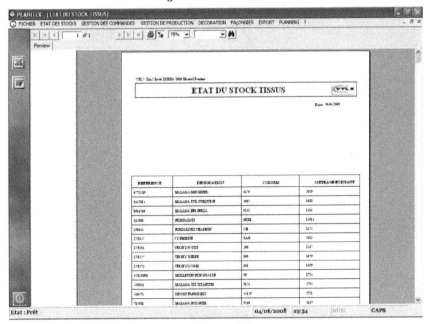

Fig. 13: Etat stock tissus.

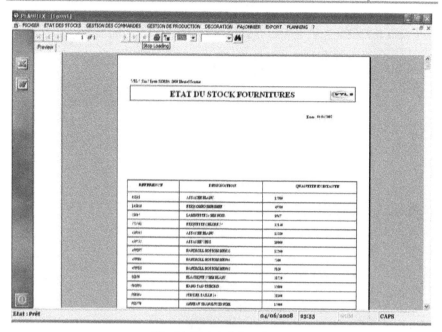

Fig. 14: Etat stock fournitures.

4. Gestion des commandes

Dans cet onglet, l'utilisateur fait la saisie des données générales et détaillées des lancements qui se trouvent dans le carnet de commandes du service commercial.

Dans la partie de saisie des données générales des lancements, on introduit les données nécessaires pour caractériser un lancement comme :

- ✓ Client
- ✓ Numéro commande
- ✓ Numéro lancement
- ✓ Référence modèle
- ✓ Catégorie du modèle
- ✓ Quantité totale du lancement
- ✓ Temps total de l'article
- ✓ Chaîne désignée
- ✓ Date livraison lancement
- ✓ Date de lancement
- ✓ Coloris du modèle…

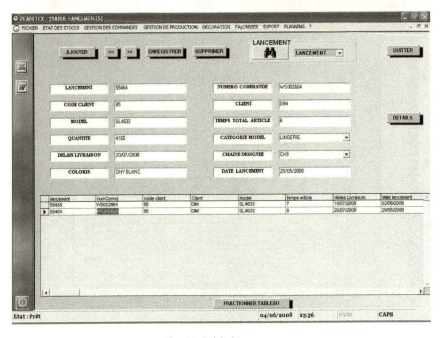

Fig. 15: Saisie lancement.

Dans la partie de la saisie des données détaillée des lancements, on fait la saisie des quantités d'articles demandée par le client par taille, des besoins unitaires de l'article en tissu et fournitures et ainsi le logiciel peut nous calculer les besoins totales du lancement et les imprimer dans un rapport : besoins lancements.

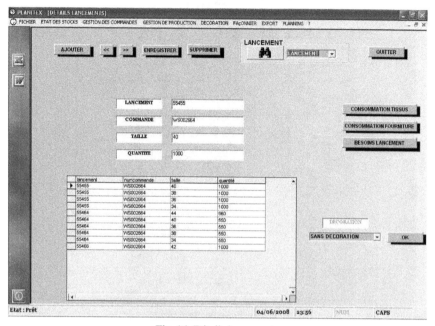

Fig. 16: Détails lancements.

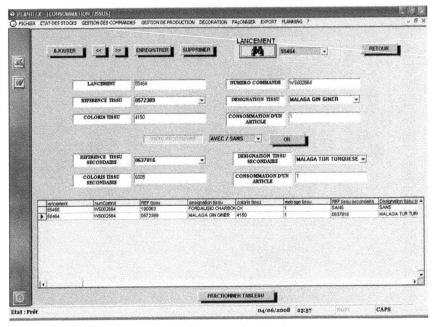

Fig. 17: Consommation tissus.

La saisie du besoin en tissus des articles se fait après la désignation du lancement et le numéro de la commande, on a prévu au maximum deux types de tissus qui peuvent être utilisés dans la réalisation d'un lancement et ceci après avoir étudier les articles qui était réalisés pendant la période du stage et après la confirmation des responsables de l'entreprise VTL.

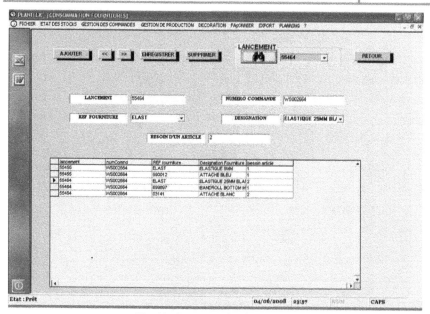

Fig. 18: Consommation fournitures.

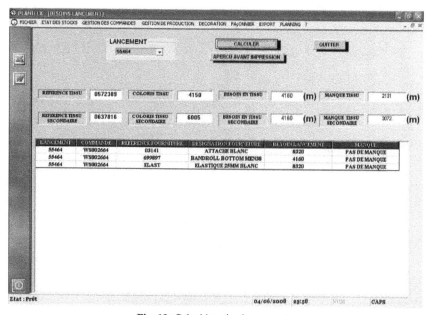

Fig. 19: Calcul besoins lancements.

5. Gestion de production

Après l'étude des méthodes de travail dans l'entreprise VTL.5 on a remarqué que des rapports de production des différentes chaînes de fabrication sont fournies journalier ment par un agent de saisie, alors on a pensé à exploiter ces rapports pour le suivi des lancements (pour que le planning de production soit toujours à jours) et pousser encore le suivi pour qu'il englobe toutes les sections de l'unité.

Ainsi, une copie de ces rapports sera fournie à l'agent de planning qui fait la saisie de ces données qui seront nécessaires par la suite pour élaborer et maintenir à jours le planning.
Cette partie contient 6 onglets qui concernent les différentes sections de l'entreprise, pour chaque section on peut consécutivement :

- ✓ saisir le rapport de production journalière (par lancement, par taille)
- ✓ saisir le rendement de chaque section (estimé par le responsable production)
- ✓ imprimer un rapport de production.

Exemple : Section Coupe.

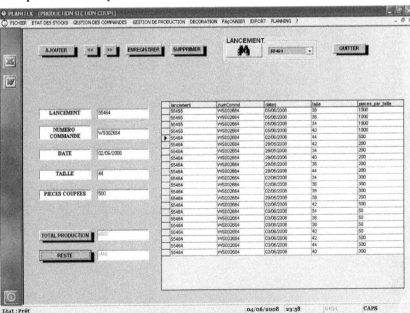

Fig. 20: Production section coupe.

6. Décoration

Puisque la majorité des articles confectionnés dans l'unité VTL.5 nécessitent une décoration (Broderie ou sérigraphie) alors on à consacré cette partie à la saisie des données des lancements qui vont sortir de l'unité pour la décoration.

En effet, dans le volet décoration on trouve deux onglets similaires l'un pour la broderie et l'autre pour la sérigraphie. Chaque onglet contient respectivement :

- ✓ Détails
- ✓ Suivi lancements
- ✓ Bon de livraison

La partie détails servira pour introduire les données de base des entreprises avec lesquels on traite.

Dans la partie de suivi des lancements, on a deux sous parties :

- ✓ Saisie commande
- ✓ Réception commande

Dans la première sous partie on introduit toutes les données nécessaires avant d'envoyer les articles pour la décoration. Pour faciliter la saisie l'utilisateur introduit seulement le numéro du lancement et automatiquement les données du lancement seront affichés. Après, on doit introduire le nom de l'entreprise qui va faire la décoration, la quantité, l'empiècement qui va subir la décoration, la date de sortie, la date de livraison demandée...

La deuxième sous partie sera remplie à la réception du lancement après la décoration.

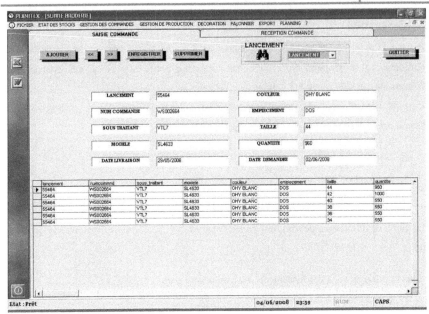

Fig. 21: Saisie commande - Broderie.

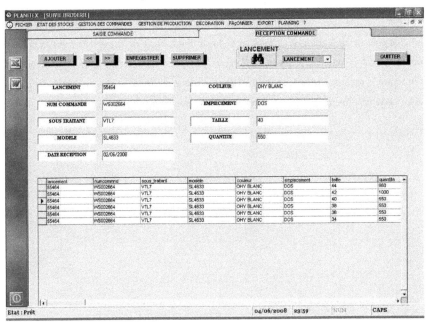

Fig. 22: Réception lancement - Broderie.

Une fois la partie « saisie commande » est remplie, on peut donc à tout moment imprimer un bon de livraison décoration.

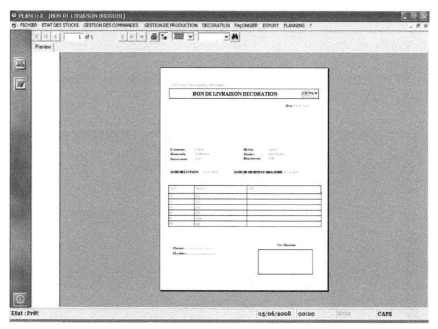

Fig. 23: Bon de livraison broderie.

7. Façonnier

Cette partie est pratiquement similaire à la partie décoration mais pour faciliter l'utilisation du logiciel on a choisi de la mettre dans une partie distincte.

8. Export

La partie export est consacrée à la saisie des quantités d'articles qui sont exportés au client et au traitement des listes de colisage.

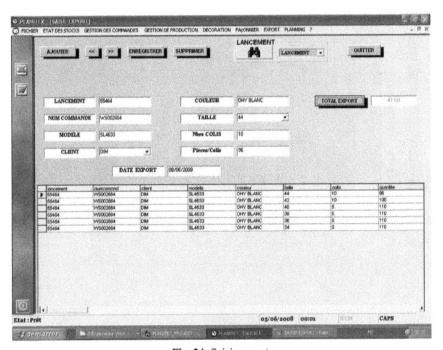

Fig. 24: Saisie export.

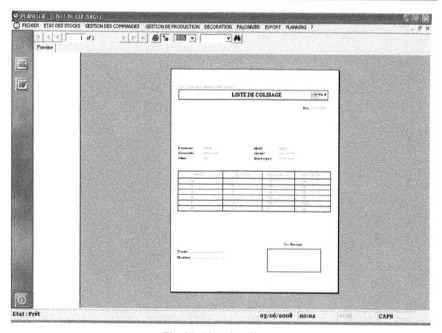

Fig. 25: Liste de colisage.

9. PLANNING

C'est la partie la plus intéressante du logiciel, en fait c'est pour bien réaliser cette partie qu'on a eu besoin des autres parties déjà évoquées.

Cette partie comporte Cinque sous parties :

a. Etat Lancements

Dans cette partie on n'a qu'à choisir un lancement pour que toutes les données qui lui appartiennent soient affichés :

- ✓ Total pièces produites
- ✓ Total pièces restantes
- ✓ Temps restant (par heure, par jours)
- ✓ Production minimale demandée pour terminer le lancement dans les délais demandés
- ✓ Les différentes dates utiles (lancement, libération, livraison).

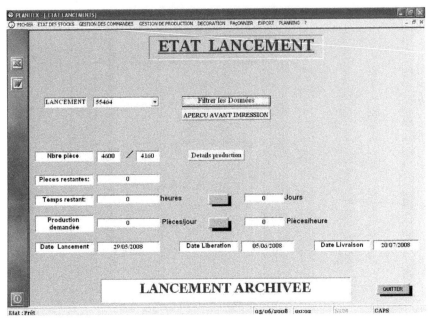

Fig. 26: Etat lancement.

On peut aussi visionner l'état détaillée d'un lancement, pièces produites par tailles et pièces restantes par tailles.

Fig. 27: Détails lancement.

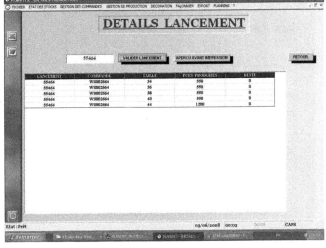

b. Etat sections

Dans cette partie du logiciel on peut visionner graphiquement la répartition des articles d'un certain lancement dans les différentes sections de l'unité VTL.5.

Pour chaque section on peut voir le nombre de pièces produites, les encours et les pièces restantes.

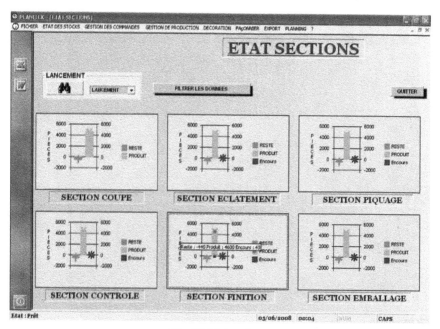

Fig. 28: Etat sections.

c. Etat chaînes

Cette partie nous donne des renseignements à propos des chaines de fabrication comme les lancements actuellement fabriqué, la commande dont il appartient, les dates clés, des observations concernant l'état d'avancement des lancements (délais respecté, dépassé, nombre de jours de retard, d'avance) et l'ordre de libération des chaînes pour savoir dans quelle chaîne on va traiter un nouveau lancement.

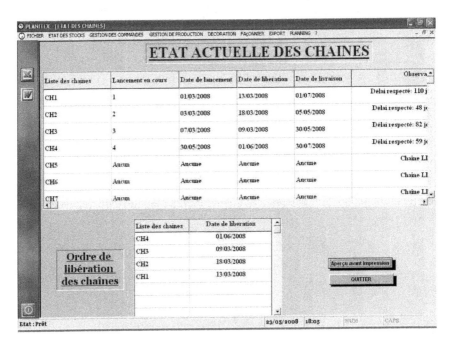

Fig. 29: état chaines.

d. Planning des chaînes

C'est dans cette partie qu'on aura le planning des chaînes de fabrication, le planning englobe toutes les chaînes, il est automatiquement mis à jours selon les données saisies dans les autres parties du logiciel et il est imprimable.

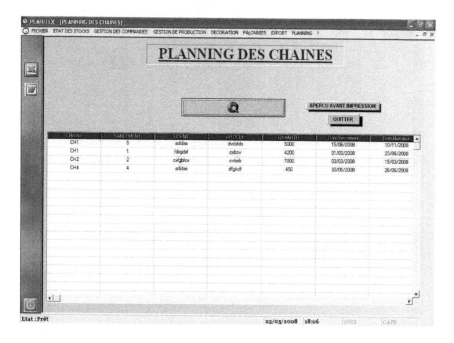

Fig. 30: Planning des chaînes.

e. Commandes risquées

Dans ce volet on peut visionner et imprimer les lancements dont la date de libération est proche de la date de livraison d'où dans le cas d'un incident quelconque qui perturbe la production il y a un risque de ne pas livrer la commande à temps.

La marge de risque est à saisir par l'utilisateur (en jours).

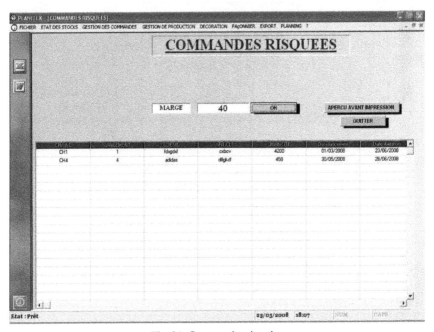

Fig. 31: Commandes risquées.

VI. Conclusion

Dans cette partie on a essayé d'élaborer un outil informatique de planification capable de faciliter et automatiser les taches répétitives.

On a choisi une conception du logiciel, basée sur les nécessités de l'entreprise.

- Pour la mise en œuvre, on a développé avec le langage de programmation : Visual Basic 6 (VB6).

- La programmation à l'aide de VB6 est fiable. Avec ce logiciel, la flexibilité est assurée : il existe plusieurs fonctions et procédures permettant la réalisation du travail demandé.

- La structure du logiciel est simple, les manipulations faites par son utilisateur sont faciles et compréhensibles.

CONCLUSION GENERALE

Vu l'importance du service planning pour L'entreprise VTL5, il était nécessaire d'améliorer son efficacité en facilitant les taches de ce service par l'exploitation d'un logiciel permettant de surmonter les problèmes actuels.

L'amélioration du service planning étant notre objectif, ce travail a nécessité plusieurs étapes ; d'abord, on a essayé d'établir un diagnostic de l'état actuel de l'entreprise.

L'absence de planification, le mauvais suivi de production et de rendement, l'absence de prévision nous ont amené à la mise en place d'une nouvelle stratégie du travail méthodique et objective, suite à une étude scientifique de la situation actuelle de l'entreprise.

Ensuite, on a proposé des solutions pour certains points étudiés pour finir par le développement d'un logiciel de planification PLANITEX en réponse aux problèmes gênant la fluidité du travail à l'entreprise VT.L5.

Les solutions proposées ont été élaborées avec la participation des responsables de l'entreprise.

Ce logiciel représente un outil de suivi de production, de suivi de l'état du stock, gestion des clients et fournisseurs, de gérance de la sous traitance, et de planification.

Toute fois, et partant du fait que notre logiciel ne peut toucher la perfection, les extensions sont indispensables pour avoir un produit qui peut gérer les opérations d'organisation d'une unité de textile. Ces extensions peuvent viser d'autres fonctions telles que :

- Un équilibrage interactif : une division de tâches sensible aux variations de données matérielles.
- L'étude du coût minute.
- L'installation d'un bureau de méthode et de recherche et développement dans cette entreprise.

*Références
Bibliographiques*

[1] : CETTEX – 2006 : Diagnostic stratégique pour la mise à niveau de la société VTL.

[2] : Mémoire de projet de fin d'études : MZOUGHI LATIFA

[3] : Mémoire de projet de fin d'études : SALAH BOUSBIA

[4] : Mémoire de projet de fin d'études : BEN AOUICHA WALID

[5] : Internet :

              ⬥ www.developper.com
              ⬥ www.vbfrance.com

[6]: Cours Visual basic: Mr. JMALI Mohammed

www.ingramcontent.com/pod-product-compliance
Lightning Source LLC
LaVergne TN
LVHW042345060326
832902LV00006B/402